AF388256

FSC
www.fsc.org
MIX
Papier aus ver-
antwortungsvollen
Quellen
Paper from
responsible sources
FSC® C105338

Seneca

Epistulae morales ad Lucilium

Liber XVI
Epistulae XCVI-C

Latein/Deutsch

Michael Weischede

Herstellung und Verlag:

BoD - Books on Demand, Norderstedt

ISBN 9783758311819

Bibliografische Information der Deutschen Nationalbibliothek

Die Deutsche Nationalbibliothek verzeichnet diese Publikation in der
Deutschen Nationalbibliografie; detaillierte bibliografische Daten sind im
Internet über http://dnb.dnb.de abrufbar.

Vorwort

Senecas Briefe an seinen Freund Lucilius gehören zu den wenigen Texten der lateinischen Literatur, die auch nach dem Zusammenbruch des Römischen Reiches nicht in Vergessenheit gerieten. Während die meisten Publikationen der Antike erst in der Renaissance „wiedergeboren" wurden, fanden die Epistulae morales ad Lucilium bis in unsere Zeit hinein durchgängig eine interessierte Leserschaft. Aus diesem Grund herrscht auch heute kein Mangel an Übersetzungen der Briefe. Es erschien mir deshalb wenig sinnvoll, eine weitere hinzuzufügen, ohne einen gesonderten Schwerpunkt zu setzen. Ich habe mich deshalb ganz bewusst für ein möglichst text- und wortgetreues Vorgehen entschieden und mich dabei weitestgehend an die Wortvorschläge der gängigen Lexika gehalten (Georges, PONS, Stowasser, Langenscheidt usw.). Vor allem Schülern sollte es auf diese Weise leichter fallen, die Übersetzung aus dem Lateinischen nachzuvollziehen und bei Bedarf mit ihren eigenen Bemühungen zu vergleichen.

Der lateinische Textteil stammt aus verschiedenen Internetquellen, wobei das Augenmerk auf der Gemeinfreiheit lag. Er ist also nicht editiert, und ich habe mir zudem erlaubt, ihn hier und da an meine stilistischen Vorlieben anzupassen. Für ein ernsthaftes wissenschaftliches Arbeiten ist er folglich nicht geeignet.

Soweit mir meine Motivation für dieses Projekt nicht abhanden kommt, werde ich nach und nach alle 20 Bücher mit den Briefen an Lucilius übersetzen und veröffentlichen. Bei meiner eher gemächlichen Arbeitsweise kann das allerdings einige Zeit dauern ...

Dortmund im November 2023

———— ❧ ————

Liber XVI – Epistula XCVI

Seneca Lucilio suo Salutem,

(1) Tamen tu indignaris aliquid aut quereris et non intellegis nihil esse in istis mali nisi hoc unum quod indignaris et quereris? Si me interrogas, nihil puto viro miserum nisi aliquid esse in rerum natura quod putet miserum. Non feram me quo die aliquid ferre non potero. Male valeo: pars fati est. Familia decubuit, fenus offendit, domus crepuit, damna, vulnera, labores, metus incucurrerunt: solet fieri. Hoc parum est: debuit fieri. Decernuntur ista, non accidunt.

(2) Si quid credis mihi, intimos adfectus meos tibi cum maxime detego: in omnibus quae adversa videntur et dura sic formatus sum: non pareo deo sed adsentior; ex animo illum, non quia necesse est, sequor. Nihil umquam mihi incidet quod tristis excipiam, quod malo vultu; nullum tributum invitus conferam. Omnia autem ad quae gemimus, quae expavescimus, tributa vitae sunt: horum, mi Lucili, nec speraveris immunitatem nec petieris.

Buch 16 – Brief 96

Seneca grüßt seinen Lucilius,

(1) Trotzdem empörst oder beklagst du dich über dies und jenes und bemerkst nicht, dass darin nichts von Übel ist, außer dieses eine, dass du dich empörst und beklagst? Wenn du mich fragst, sieh für einen Mann nichts als Unglück an, außer es gibt etwas in der Welt, das er für ein Unglück hält. An dem Tag, an dem ich nicht imstande sein werde, etwas zu ertragen, werde ich mich [selbst] nicht [mehr] ertragen. Ich bin kaum noch bei Kräften: das ist ein Teil meiner Bestimmung. Die Hausgemeinschaft lag krank darnieder, die Schulden erregten Unbill, das Haus knirschte, Schäden, Wunden, Mühen, Ängste sind mir zuteilgeworden: solches geschieht gewöhnlich. [Aber] das ist nicht genug: es ist bestimmt zu geschehen. Diese Dinge werden entschieden; sie passieren nicht [einfach].

(2) Wenn du mir etwas Vertrauen schenkst, enthülle ich dir auch noch meine innersten Empfindungen: hinsichtlich all der Dinge, die als Unglück und Härte erscheinen, wurde ich auf diese Weise unterwiesen: ich unterstehe keiner Gottheit, sondern ich pflichte ihr bei; ich folge ihr vom Herzen, nicht weil ich muss. Nichts überkommt mich jemals, was ich als unheilvoll, was ich mit böser Miene aufnehmen würde; ich werde keinen Tribut mit Widerwillen aufbringen. Alles jedoch, was wir beklagen, wovor wir zurückschrecken, ist ein Tribut ans Leben: eine Befreiung davon, mein Lucilius, darfst du weder erwarten noch beanspruchen.

(3) Vesicae te dolor inquietavit, epistulae venerunt parum dulces, detrimenta continua – propius accedam, de capite timuisti. Quid, tu nesciebas haec te optare cum optares senectutem? Omnia ista in longa vita sunt, quomodo in longa via et pulvis et lutum et pluvia.

(4) 'Sed volebam vivere, carere tamen incommodis omnibus.' Tam effeminata vox virum dedecet. Videris quemadmodum hoc votum meum excipias; ego illud magno animo, non tantum bono facio: neque di neque deae faciant ut te fortuna in deliciis habeat.

(5) Ipse te interroga, si quis potestatem tibi deus faciat, utrum velis vivere in macello an in castris. Atqui vivere, Lucili, militare est. Itaque hi qui iactantur et per operosa atque ardua sursum ac deorsum eunt et expeditiones periculosissimas obeunt fortes viri sunt primoresque castrorum; isti quos putida quies aliis laborantibus molliter habet turturillae sunt, tuti contumeliae causa. Vale.

———

(3) Ein Schmerz in der Harnblase hat dich beunruhigt, wenig angenehme Schreiben sind eingetroffen, Verluste reihen sich ununterbrochen aneinander – ich werde dir noch näher treten: du hast um dein Leben gefürchtet. Was, du wusstest nicht, dass du dieses wähltest, als du dir ein hohes Alter gewünscht hast? All diese Dinge finden sich auf einem langen Lebensweg, so wie auf einem langen Marsch der Staub, [und] der Schlamm und der Regen.

(4) „Aber ich wollte gut leben, gleichwohl frei von allen Widrigkeiten sein." So eine weibische Rede ziemt sich nicht für einen Mann. Überlege dir, wie du folgenden Wunsch von mir aufnimmst; ich schreibe ihn in edler Gesinnung, nicht nur mit guter Absicht nieder: weder die Götter noch die Göttinnen können bewirken, dass das Schicksal dich in Komfort und Luxus gefangen hält.

(5) Frag dich selbst, ob du, wenn ein Gott dir die Möglichkeit geben würde, auf dem Fleischmarkt oder im Feldlager dein Leben zubringen willst. Zu leben, mein Lucilius, heißt nun aber Kriegsdienst zu leisten. Deshalb sind diejenigen im Feldlager die tapfersten und ranghöchsten Männer, die hin und her getrieben werden, [und] die unter Mühen und Schwierigkeiten auf- und abwärts laufen und den riskantesten Unternehmungen entgegengehen; solche, die ein nach Moder riechender Friede schwach hält, während die anderen sich abmühen, sind Turteltäubchen, wohl verwahrt aufgrund ihrer Schande. Lebe wohl.

———

Liber XVI – Epistula XCVII

Seneca Lucilio suo Salutem,

(1) Erras, mi Lucili, si existimas nostri saeculi esse vitium luxuriam et neglegentiam boni moris et alia quae obiecit suis quisque temporibus: hominum sunt ista, non temporum. Nulla aetas vacavit a culpa; et si aestimare licentiam cuiusque saeculi incipias, pudet dicere, numquam apertius quam coram Catone peccatum est.

(2) Credat aliquis pecuniam esse versatam in eo iudicio in quo reus erat P. Clodius ob id adulterium quod cum Caesaris uxore in operto commiserat, violatis religionibus eius sacrificii quod 'pro populo' fieri dicitur, sic summotis extra consaeptum omnibus viris ut picturae quoque masculorum animalium contegantur? Atqui dati iudicibus nummi sunt et, quod hac etiamnunc pactione turpius est, stupra insuper matronarum et adulescentulorum nobilium stillari loco exacta sunt.

(3) Minus crimine quam absolutione peccatum est: adulterii reus adulteria divisit nec ante fuit de salute securus quam similes sui iudices suos reddidit. Haec in eo iudicio facta sunt in quo, si nihil aliud, Cato testimonium dixerat. Ipsa ponam verba Ciceronis, quia res fidem excedit [Ciceronis epistularum ad Atticum liber primus].

Buch 16 – Brief 97

Seneca grüßt seinen Lucilius,

(1) Du irrst dich, mein Lucilius, wenn du meinst, dass das Vergehen unseres Zeitalters in der Genussucht liegt und in der Vernachlässigung der guten Sitten und anderem, das ein jeder den eigenen Zeiten vorwirft: es sind dies [die Vergehen] der Menschen, nicht die der Zeiten. Kein Zeitalter ist frei von Schuld gewesen; und wenn du anfängst, die Zügellosigkeit jedes einzelnen Zeitalters zu beurteilen – ich schäme mich, es zu sagen – ist niemals offenkundiger gesündigt worden als vor den Augen Catos.

(2) Würde [heute] irgendjemand glauben, dass Geld im Spiel gewesen ist in dem Prozess, in dem Publius Clodius wegen jenes Ehebruchs angeklagt war, den er im Geheimen mit der Ehefrau Caesars begangen hatte, unter Verletzung der religiösen Bräuche jenes Opfers, das für ‚das Volk‘ vollzogen werden soll, mit der Bestimmung, dass, nachdem alle Männer hinter die Umzäunung verbannt wurden, auch Bilder von männlichen Geschöpfen verhüllt werden? Doch den Richtern sind Gelder überreicht worden und, was auch jetzt noch schändlicher als dieses geheime Abkommen ist, es sind obendrein Unzüchtigkeiten von ehrbaren Frauen und ganz jungen adeligen Männer anstatt eines kleinen Trinkgelds verlangt worden.

(3) Weniger durch das Vergehen als durch die Freisprechung ist gesündigt worden: ein des Ehebruchs Beklagter hat Ehebrüche zum Kauf ausgegeben und hinsichtlich seines Wohlergehens war er nicht eher frei von Sorgen, als bis er seine Richter zu Gleichgesinnten gemacht hat. Solches ist in einem Prozess geschehen, in dem Cato, beschränkt auf den einen Fall, Zeugnis abgelegt hatte. Ich werde Ciceros eigene Worte anführen, weil der Fall jede Glaubwürdigkeit übersteigt [erstes Buch der Briefe Ciceros an Atticus].

(4) 'Accersivit ad se, promisit, intercessit, dedit. Iam vero (o di boni, rem perditam!) etiam noctes certarum mulierum atque adulescentulorum nobilium introductiones nonnullis iudicibus pro mercedis cumulo fuerunt.'

(5) Non vacat de pretio queri, plus in accessionibus fuit. 'Vis severi illius uxorem? Dabo illam. Vis divitis huius? Tibi praestabo concubitum. Adulterium nisi feceris, damna. Illa formonsa quam desideras veniet. Illius tibi noctem promitto nec differo; intra comperendinationem fides promissi mei extabit.' Plus est distribuere adulteria quam facere; hoc vero matribus familiae denuntiare est.

(6) Hi iudices Clodiani a senatu petierant praesidium, quod non erat nisi damnaturis necessarium, et inpetraverant; itaque eleganter illis Catulus absoluto reo 'quid vos', inquit, 'praesidium a nobis petebatis? An ne nummi vobis eriperentur?' Inter hos tamen iocos inpune tulit ante iudicium adulter, in iudicio leno, qui damnationem peius effugit quam meruit.

(4) „Er ließ die Richter zu sich kommen, machte Versprechungen, stellte Bürgschaft für sich, leistete Zahlungen. Dann aber sind es (oh, gute Götter, welche Verdorbenheit!) sogar Nächte mit gewissen Frauen und eine Vermittlung junger adeliger Männer als Gipfel der Bestechungszahlung an einige Richter gewesen."

(5) Es ist müßig, über die Bestechung zu klagen, [das größere Übel] waren die Zugaben. „Du verlangst nach der Frau jenes sittenstrengen [Mannes]? Ich werde sie dir überreichen. Du willst die von dem Reichen da? Ich stehe für einen Beischlaf [mit ihr] ein. Wenn du selbst keinen Ehebruch begangen hast, fälle ein Schuldurteil. Jene Schönheit, nach der du dich sehnst, wird [zu dir] kommen. Ich verspreche dir eine Nacht mit ihr und ich werde es nicht aufschieben; innerhalb der dreitägigen Urteilsvertagung wird sich die Verlässlichkeit meines Versprechens zeigen." Ehebrüche zu vermitteln, ist schändlicher, als sie zu begehen; wahrhaftig bedeutet es, sie den Familienmüttern zuzumuten.

(6) Diese von Clodius [bestochenen] Richter hatten vom Senat Geleitschutz erbeten, der nur im Falle einer Verurteilung notwendig gewesen wäre, und sie hatten [dort] Gehör gefunden; daher hat Catulus nach der Freisprechung des Angeklagten geistreich zu ihnen gesagt: „Warum habt ihr Geleitschutz von uns erbeten? Etwa damit euch keine Gelder geraubt werden?" Inmitten dieser Spötteleien jedoch blieb er ungestraft: vor dem Prozess ein Ehebrecher, in dem Prozess ein Kuppler, der einer Verurteilung auf eine niederträchtigere Tat entgangen ist, als diejenige, für die er sie verdient hat.

(7) Quicquam fuisse corruptius illis moribus credis quibus libido non sacris inhiberi, non iudicis poterat, quibus in ea ipsa quaestione quae extra ordinem senatusconsulto exercebatur plus quam quaerebatur admissum est? Quaerebatur an post adulterium aliquis posset tutus esse: apparuit sine adulterio tutum esse non posse.

(8) Hoc inter Pompeium et Caesarem, inter Ciceronem Catonemque commissum est, Catonem inquam illum quo sedente populus negatur permisisse sibi postulare Florales iocos nudandarum meretricum, si credis spectasse tunc severius homines quam iudicasse. Et fient et facta sunt ista, et licentia urbium aliquando disciplina metuque, numquam sponte considet.

(9) Non est itaque quod credas nos plurimum libidini permisisse, legibus minimum; longe enim frugalior haec iuventus est quam illa, cum reus adulterium apud iudices negaret, iudices apud reum confiterentur, cum stuprum committeretur rei iudicandae causa, cum Clodius, isdem vitiis gratiosus quibus nocens, conciliaturas exerceret in ipsa causae dictione. Credat hoc quisquam? Qui damnabatur uno adulterio absolutus est multis.

(7) Glaubst du, dass [jemals] etwas verdorbener war als jene Sitten, bei denen der Wollust weder durch heilige Bräuche noch durch Richter Einhalt geboten werden konnte, bei denen in eben der Gerichtsverhandlung, die außerhalb der eigentlichen Prozessordnung durch einen Senatsbeschluss gehandhabt wurde, ein größerer Frevel entstand, als derjenige, der vor Gericht verhandelt wurde? Es wurde untersucht, ob irgendeiner nach einem Ehebruch ungefährdet leben könne: es hat sich gezeigt, dass einer [auch] ohne einen Ehebruch nicht ungefährdet leben kann.

(8) Dieser [Frevel] ist unter Pompeius und Caesar, ist unter Cicero und Cato begangen worden; jenes Cato, ich betone es, in dessen Anwesenheit das Volk sich nicht erlaubt haben soll, beim Floralienfest die Spiele der entblößenden Liebesdamen für sich einzufordern; sofern du dem Glauben schenkst, sind die Menschen damals beim Zuschauen sittenstrenger gewesen als beim Richten. Diese Dinge sind geschehen und werden geschehen, und die Zügellosigkeit der Städte wird sich manchmal aufgrund strenger Erziehung und Furcht, niemals aus eigenem Antrieb legen.

(9) Es gibt deshalb keinen Grund zu glauben, dass wir der Maßlosigkeit sehr viel, den Gesetzen sehr wenig durchgelassen haben; die heutige Jugend ist nämlich weitaus rechtschaffener als die frühere, als ein Angeklagter seinen Ehebruch in Gegenwart der Richter leugnete, die Richter [den ihren] in Gegenwart des Angeklagten gestanden haben, als im Zuge einer zu urteilenden Rechtsangelegenheit Unzucht verübt wurde, als ein Clodius, der aufgrund derselben Verfehlungen in Gunst stand, wegen denen er schuldig war, sogar während des Vortrags seiner Gerichtsrede Kuppelei betrieben hat. Kann das irgendjemand glauben? Derjenige, den man aufgrund eines einzigen Ehebruch verurteilen wollte, ist aufgrund vieler [Ehebrüche] freigesprochen worden.

(10) Omne tempus Clodios, non omne Catones feret. Ad deteriora faciles sumus, quia nec dux potest nec comes deesse, et res ipsa etiam sine duce, sine comite procedit. Non pronum est tantum ad vitia sed praeceps, et, quod plerosque inemendabiles facit, omnium aliarum artium peccata artificibus pudori sunt offenduntque deerrantem, vitae peccata delectant.

(11) Non gaudet navigio gubernator everso, non gaudet aegro medicus elato, non gaudet orator si patroni culpa reus cecidit, at contra omnibus crimen suum voluptati est: laetatur ille adulterio in quod inritatus est ipsa difficultate; laetatur ille circumscriptione furtoque, nec ante illi culpa quam culpae fortuna displicuit. Id prava consuetudine evenit.

(12) Alioquin, ut scias subesse animis etiam in pessima abductis boni sensum nec ignorari turpe sed neglegi, omnes peccata dissimulant et, quamvis feliciter cesserint, fructu illorum utuntur, ipsa subducunt. At bona conscientia prodire vult et conspici: ipsas nequitia tenebras timet.

(10) Jede Zeit wird einen Clodius hervorbringen, nicht jede einen Cato. Für Schlechtes sind wir leicht empfänglich, weil [hierbei] weder der Anstifter noch der Komplize seinen Beistand entziehen kann, und die Angelegenheit sogar von selbst, ohne Führer, ohne Gefährte, ihren Lauf nimmt. Man ist den Verfehlungen nicht nur zugeneigt, sondern man stürzt sich darauf – und was die meisten unverbesserlich macht – in allen anderen Künsten schämen sich Künstler für ihre Fehltritte und einen, der abirrt, beleidigen sie, die Fehltritte des Lebens bereiten [dagegen] Freude.

(11) Ein Steuermann freut sich nicht über das [von einer Welle] umgeworfene Schiff, ein Arzt freut sich nicht über den zu Grabe getragenen Patienten, ein Redner freut sich nicht, wenn der Angeklagte den Prozess durch Verschulden des Anwalts verloren hat, das eigene Verbrechen gilt dagegen allen als Vergnügen: jener freut sich über einen Ehebruch, zu dem er gerade durch seine schwierige Umsetzung gereizt worden ist; jener freut sich über Betrug und Diebstahl, und sein schuldhaftes Vergehen missfiel erst, als es einen schlechten Ausgang nahm. Solches wächst aus einer unrechten Lebensweise hervor.

(12) Im Übrigen – damit du verstehst, dass auch den Seelen, die zum Schlechtesten verleitet wurden, der Sinn fürs Gute innewohnt, und man Schändliches sehr wohl kennt, aber nicht beachtet – verleugnen sie alle ihre Vergehen, und wenn sie auch noch so glücklich vonstatten gegangen sind, genießen sie [zwar] deren Früchte, sie selbst [aber] verbergen sie. Ein gutes Gewissen jedoch will sich zeigen und die Blicke auf sich ziehen: die Verdorbenheit fürchtet selbst die Dunkelheit.

(13) Eleganter itaque ab Epicuro dictum puto: 'Potest nocenti contingere ut lateat, latendi fides non potest', aut si hoc modo melius hunc explicari posse iudicas sensum: 'Ideo non prodest latere peccantibus quia latendi etiam si felicitatem habent, fiduciam non habent.' Ita est, tuta scelera esse possunt, <secura esse non possunt>.

(14) Hoc ego repugnare sectae nostrae si sic expediatur non iudico. Quare? Quia prima illa et maxima peccantium est poena peccasse, nec ullum scelus, licet illud fortuna exornet muneribus suis, licet tueatur ac vindicet, inpunitum est, quoniam sceleris in scelere supplicium est. Sed nihilominus et hae illam secundae poenae premunt ac sequuntur, timere semper et expavescere et securitati diffidere. Quare ego hoc supplicio nequitiam liberem? Quare non semper illam in suspenso relinquam?

(15) Illic dissentiamus cum Epicuro ubi dicit nihil iustum esse natura et crimina vitanda esse quia vitari metus non posse: hic consentiamus, mala facinora conscientia flagellari et plurimum illi tormentorum esse eo quod perpetua illam sollicitudo urget ac verberat, quod sponsoribus securitatis suae non potest credere. Hoc enim ipsum argumentum est, Epicure, natura nos a scelere abhorrere, quod nulli non etiam inter tuta timor est.

(13) Ich halte daher eine Äußerung von Epikur für richtig: „Dem Schuldigen kann es glücken, dass er verborgen bleibt, eine Garantie dafür, verborgen zu bleiben, kann es nicht geben", oder, falls du der Meinung bist, dass dieser Gedanke auf folgende Weise besser erklärt werden kann: „Denen, die eine Straftat begehen, nützt es deshalb nichts, verborgen zu bleiben, weil selbst wenn sie das Glück haben, verborgen zu bleiben, sie nicht darauf vertrauen [können]." So ist es, Verbrecher können ungefährdet leben, sie können nicht frei von Sorgen leben.

(14) Wenn es auf diese Weise dargelegt wird, glaube ich nicht, dass dies unserer philosophischen Lehrmeinung widerspricht. Warum nicht? Weil es die erste und größte Strafe der Sünder ist, die Verfehlung begangen zu haben, und keine ruchlose Tat, mag das Glück sie mit seinen Gaben ausschmücken, mag es sie decken und schützen, bleibt ungesühnt, weil ja die Strafe des Verbrechens im Verbrechen [selbst] liegt. Doch um nichts weniger bedrängen und begleiten sie auch diese nachrangigen Strafen: sich immer zu fürchten, [und] zu erschrecken und dem Gefühl der Sicherheit nicht zu trauen. Warum sollte ich die Verdorbenheit von dieser Qual befreien? Warum sollte ich sie nicht für immer im Ungewissen belassen?

(15) Uneins sind wir mit Epikur dort, wo er sagt, dass in der Natur nichts gerecht ist und man Verbrechen vermeiden muss, weil [dadurch] Ängste nicht vermieden werden können: einigen können wir uns darauf, dass schlechte Taten vom Gewissen gegeißelt werden und es sehr viele Qualen dadurch bereitet, dass eine immerwährende Unruhe es bedrängt und plagt, weil es den Bürgen seiner Sicherheit nicht vertrauen kann. Dies nämlich ist gerade der Beweis dafür, Epikur, dass wir von Natur aus vor einem Verbrechen zurückschrecken, weil keiner frei von Furcht lebt, selbst während er in Sicherheit ist.

(16) Multos fortuna liberat poena, metu neminem. Quare nisi quia infixa nobis eius rei aversatio est quam natura damnavit? Ideo numquam fides latendi fit etiam latentibus quia coarguit illos conscientia et ipsos sibi ostendit. Proprium autem est nocentium trepidare. Male de nobis actum erat, quod multa scelera legem et vindicem effugiunt et scripta supplicia, nisi illa naturalia et gravia de praesentibus solverent et in locum patientiae timor cederet. Vale.

———

(16) Viele befreit der Zufall von der Strafe, von der Angst niemanden. Warum, wenn nicht deshalb, weil uns eine Abneigung gegen das einge- impft ist, was die Natur als tadelnswert verworfen hat? Bei denen, die sich verbergen, kehrt daher niemals die Gewissheit ein, verborgen zu bleiben, weil das Gewissen sie der Schuld bezichtigt und sich ihnen entgegenstellt. Sich in ängstlicher Unruhe zu befinden, ist jedoch die Eigenschaft derer, die Unrecht tun. Weil viele Schurken sowohl dem Gesetz und dem Rich- ter entgehen als auch den schriftlich festgesetzten Strafen, stünde es schlecht um uns, wenn nicht jene naturgegebenen und schwer zu ertragen- den [Strafen] sie noch zu Lebzeiten schwächen und anstelle deren Ertra- gens die Angst [bei ihnen] einhergehen würde. Lebe wohl.

———

Liber XVI – Epistula XCVIII

Seneca Lucilio suo Salutem,

(1) Numquam credideris felicem quemquam ex felicitate suspensum. Fragilibus innititur qui adventicio laetus est: exibit gaudium quod intravit. At illud ex se ortum fidele firmumque est et crescit et ad extremum usque prosequitur: cetera quorum admiratio est vulgo in diem bona sunt. 'Quid ergo? Non usui ac voluptati esse possunt?' Quis negat? Sed ita si illa ex nobis pendent, non ex illis nos.

(2) Omnia quae fortuna intuetur ita fructifera ac iucunda fiunt si qui habet illa se quoque habet nec in rerum suarum potestate est. Errant enim, Lucili, qui aut boni aliquid nobis aut mali iudicant tribuere fortunam: materiam dat bonorum ac malorum et initia rerum apud nos in malum bonumve exiturarum. Valentior enim omni fortuna animus est et in utramque partem ipse res suas ducit beataeque ac miserae vitae sibi causa est.

Buch 16 – Brief 98

(1) Halte niemals irgendeinen für vom Glück begünstigt, der vom Glück emporgehoben wurde. Auf Zerbrechliches stützt sich, wer froh ist über das, was von außen kommt: diese Freude wird gehen, wie sie gekommen ist. Jene hingegen, die dem Inneren entspringt, ist verlässlich und dauerhaft, [und] sie wächst und begleitet uns bis zu unserem Ende: alles Übrige, das die Bewunderung der Masse besitzt, sind Güter nur für einen Tag. „Was jetzt? Können sie nicht [gleichzeitig] nützlich sein und Vergnügen bereiten?" Wer bestreitet das? Aber nur dann, wenn sie von uns abhängen, nicht wir von ihnen.

(2) Alles, worauf das Schicksal sieht, wird nur dann Früchte tragen und erfreulich, wenn der, der es in Besitz nimmt, auch sich selbst in Besitz hat und nicht seinem Vermögen unterworfen ist. Diejenigen irren nämlich, Lucilius, die meinen, dass das Schicksal uns entweder etwas Gutes oder etwas Schlechtes zuweist: es überlässt uns [nur] das Material für die Güter und die Übel sowie die Grundprinzipien der Dinge, die in uns zum Guten oder Schlechten ausschlagen werden. Denn der Geist ist mächtiger als jedes Schicksal, er führt das Seinige von sich aus in eine der beiden Richtungen und es ist sich selbst Ursache für ein glückliches oder für ein elendes Leben.

———————— ❦ ————————

(3) Malus omnia in malum vertit, etiam quae cum specie optimi venerant: rectus atque integer corrigit prava fortunae et dura atque aspera ferendi scientia mollit, idemque et secunda grate excipit modesteque et adversa constanter ac fortiter. Qui licet prudens sit, licet exacto faciat cuncta iudicio, licet nihil supra vires suas temptet, non continget illi bonum illud integrum et extra minas positum nisi certus adversus incerta est.

(4) Sive alios observare volueris (liberius enim inter aliena iudicium est) sive te ipsum favore seposito, et senties hoc et confiteberis, nihil ex his optabilibus et caris utile esse nisi te contra levitatem casus rerumque casum sequentium instruxeris, nisi illud frequenter et sine querella inter singula damna dixeris:

dis aliter visum est.

(5) Immo mehercules, ut carmen fortius ac iustius petam quo animum tuum magis fulcias, hoc dicito quotiens aliquid aliter quam cogitabas evenerit: 'Di melius.' Sic composito nihil accidet. Sic autem componetur si quid humanarum rerum varietas possit cogitaverit antequam senserit, si et liberos et coniugem et patrimonium sic habuerit tamquam non utique semper habiturus et tamquam non futurus ob hoc miserior si habere desierit.

(3) Das Schlechte wendet alles zum Schlechten, selbst diejenigen Dinge, die ihm in Gestalt des Besten zugefallen sind: das Tugendhafte und Anständige bringt Missliches vom Schicksal auf den rechten Weg und mildert Härten und Widriges, weil es zu erdulden versteht, und es nimmt zugleich die glücklichen Umstände dankbar und bescheiden und die ungünstigen besonnen und tapfer an. Mag einer klug sein, mag er in allem nach genauer Überlegung handeln, mag er nichts in Angriff nehmen, was über seine Kräfte geht, ihm wird jenes unantastbare und außerhalb von Bedrohungen gelegene Gut nicht zufallen, wenn er [sich seiner] nicht gewiss ist entgegen den Ungewissheiten.

(4) Ob du es vorziehst, andere zu beobachten (ein Urteil über andere ist ja unbefangener), oder, falls du jede persönliche Geneigtheit abgelegt hast, dich selbst: du wirst ein dieses einsehen und bekennen, dass nichts von diesen gewünschten und kostbaren Dingen zuträglich ist, wenn du dich nicht gegen den Wankelmut des Zufalls und der dem Zufall folgenden Dinge gerüstet, wenn du dir Folgendes nicht oft und bei jedem Verlust ohne Klage gesagt hast:

den Göttern hat es anders gefallen.

(5) Im Gegenteil, beim Herkules, um sich an einen kräftigeren und richtigeren Spruch zu halten, durch den du deinen Geist eher stärken magst, solltest du dieses sagen, sooft irgendetwas anderes eintritt, als du dachtest: „Die Götter haben es besser gemacht." So beschwichtigt, wird sich nichts [Unvorhergesehenes] ereignen. Auf diese Weise wird er aber [nur] beschwichtigt werden, wenn er bedacht hat, wozu die Mannigfaltigkeit der menschlichen Natur imstande sein kann, bevor er sie empfindet, wenn er sowohl Kinder als auch Ehefrau und Vermögen auf eine Weise in sich aufnimmt, als ob er sie nicht unbedingt immer bei sich haben wird und [als ob] er deswegen nicht unglücklicher sein wird, wenn er sie nicht mehr hat.

(6) Calamitosus est animus futuri anxius et ante miserias miser, qui sollicitus est ut ea quibus delectatur ad extremum usque permaneant; nullo enim tempore conquiescet et expectatione venturi praesentia, quibus frui poterat, amittet. In aequo est autem amissae rei <dolor> et timor amittendae.

(7) Nec ideo praecipio tibi neglegentiam. Tu vero metuenda declina; quidquid consilio prospici potest prospice; quodcumque laesurum est multo ante quam accidat speculare et averte. In hoc ipsum tibi plurimum conferet fiducia et ad tolerandum omne obfirmata mens. Potest fortunam cavere qui potest ferre; certe in tranquillo non tumultuatur. Nihil est nec miserius nec stultius quam praetimere: quae ista dementia est malum suum antecedere?

(8) Denique, ut breviter includam quod sentio et istos satagios ac sibi molestos describam tibi, tam intemperantes in ipsis miseriis sunt quam ante illas. Plus dolet quam necesse est qui ante dolet quam necesse est; eadem enim infirmitate dolorem non aestimat qua non expectat; eadem intemperantia fingit sibi perpetuam felicitatem suam, fingit crescere debere quaecumque contigerunt, non tantum durare, et oblitus huius petauri quo humana iactantur sibi uni fortuitorum constantiam spondet.

(6) Verderblich ist eine um die Zukunft sich ängstigende und [schon] vor dem Unglück unglückliche Seele, die sich sorgt, dass die Dinge, an denen sie Freude hat, ihr bis zu ihrem Ende verbleiben; zu keiner Zeit nämlich wird sie Ruhe finden und in Erwartung auf die Zukunft wird sie ihre Gegenwart, an der sie sich erfreuen könnte, einbüßen. Der Kummer über eine verlorene Sache und die Furcht davor, sie aufgeben zu müssen, stehen aber auf einer Stufe.

(7) Ich schreibe dir deswegen aber keine Sorglosigkeit vor. Halte du dich fern vor dem, was vernünftigerweise zu fürchten ist; siehe alles voraus, was durch Überlegung vorausgesehen werden kann; beobachte alles, was schädigen wird, lange bevor es eintritt und wende es ab. Gerade Selbstvertrauen und der feste Wille, alles zu ertragen, wird dir dabei viel nützen. Vor dem Schicksal kann sich vorsehen, wer es ertragen kann; sicher wird er bei ruhigem Wetter nicht beunruhigt sein. Nichts ist armseliger und törichter als [schon] vorher in Furcht zu geraten: was für ein Wahnsinn ist es, dem Unheil vorauszueilen?

(8) Zuletzt, um kurz zusammenzufassen, was ich meine, und um dir diese überängstlichen und sich selbst schwer ertragenden Menschen zu schildern: sogar im Unglück sind sie so unbesonnen wie vor dem Unglück. Derjenige, der einen Schmerz eher empfindet als notwendig, empfindet mehr Schmerz als notwendig; er schätzt den Schmerz nämlich mit derselben geistigen Schwäche ein, wegen der er ihn nicht erwartet; mit derselben Unmäßigkeit stellt er sich seine immerwährende Glückseligkeit vor; denkt, dass alles, was ihm zuteilgeworden ist, sich mehren muss, dass es nicht nur Bestand hat, und dieses unsichere Gerüst vergessend, auf dem sich die menschlichen Geschicke hin und her bewegen, ist allein er sich Bürge für die Beständigkeit zufälliger Geschehnisse.

(9) Egregie itaque videtur mihi Metrodorus dixisse in ea epistula qua sororem amisso optimae indolis filio adloquitur: 'Mortale est omne mortalium bonum.' De his loquitur bonis ad quae concurritur; nam illud verum bonum non moritur, certum est sempiternumque, sapientia et virtus; hoc unum contingit inmortale mortalibus.

(10) Ceterum tam inprobi sunt tamque obliti quo eant, quo illos singuli dies trudant, ut mirentur aliquid ipsos amittere, amissuri uno die omnia. Quidquid est cui dominus inscriberis apud te est, tuum non est; nihil firmum infirmo, nihil fragili aeternum et invictum est. Tam necesse est perire quam perdere et hoc ipsum, si intellegimus, solacium est. Aequo animo perde: pereundum est.

(11) Quid ergo adversus has amissiones auxili invenimus? Hoc, ut memoria teneamus amissa nec cum ipsis fructum excidere patiamur quem ex illis percepimus. Habere eripitur, habuisse numquam. Peringratus est qui, cum amisit, pro accepto nihil debet. Rem nobis eripit casus, usum fructumque apud nos relinquit, quem nos iniquitate desiderii perdidimus.

(12) Dic tibi: Ex istis quae terribilia videntur nihil est invictum'. Singula vicere iam multi, ignem Mucius, crucem Regulus, venenum Socrates, exilium Rutilius, mortem ferro adactam Cato: et nos vincamus aliquid.

(9) Metrodoros scheint es mir daher ausgezeichnet in einem Brief ausgedrückt zu haben, in welchem er seiner Schwester nach dem Verlust des außerordentlich tugendhaften Sohnes zuspricht: „Sterblich ist jedes Gut der Sterblichen." Er redet [dabei] über die Güter, zu denen von allen Seiten herbeigeeilt wird; denn jenes wahre Gut verliert sich nicht, es ist sicher und immerwährend, Weisheit und Tugend; dieses eine unsterbliche Gut wird den Sterblichen zuteil.

(10) Doch sie sind so unverschämt und haben in einem Ausmaß vergessen, wohin sie gehen, wohin die einzelnen Tage sie treiben, dass sie sich wundern, selbst etwas zu verlieren, obschon sie eines Tages alles verlieren werden. Was auch immer es ist, als dessen Herr du bezeichnet wirst, es ist bei dir, [aber] es ist nicht das Deine; nichts ist sicher für den Charakterschwachen, nichts ewig und unerschütterlich für den Vergänglichen. Es ist ebenso unvermeidlich, sein Leben wie sein Eigentum zu verlieren, und wenn wir dies verstanden haben, ist es sogar ein Trost. Das, was [ohnehin] verloren werden muss, verliere mit Gleichmut.

(11) Was finden wir nun an Hilfe gegen diese Verluste? Dieses, dass wir Verlorenes in Erinnerung behalten und nicht zulassen, mit ihm auch den Ertrag einzubüßen, den wir aus ihnen gewonnen haben. Besitz wird uns entrissen, Besessenes niemals. Äußerst undankbar ist, wer nach dem Verlust für das Empfangene in keiner Weise dankbar ist. Der Zufall entreißt uns etwas, den Nutzen und den Ertrag, den wir aufgrund unseres sündhaften Verlangens verloren haben, lässt er [bei] uns zurück.

(12) Sag zu dir selbst: „Von dem, was als Schrecken erscheint, ist nichts unüberwindbar." Einzelne [von ihnen] haben schon viele überwunden: Mucius das Feuer, Regulus die Folter, Sokrates den Gifttrank, Rutilius die Verbannung, Cato den Tod durch das [selbst] hineingetriebene Schwert: und auch wir werden irgendetwas überwinden.

(13) Rursus ista quae ut speciosa et felicia trahunt vulgum a multis et saepe contempta sunt. Fabricius divitias imperator reiecit, censor notavit; Tubero paupertatem et se dignam et Capitolio iudicavit, cum fictilibus in publica cena usus ostendit debere iis hominem esse contentum quibus di etiamnunc uterentur. Honores reppulit pater Sextius, qui ita natus ut rem publicam deberet capessere, latum clavum divo Iulio dante non recepit; intellegebat enim quod dari posset et eripi posse. Nos quoque aliquid et ipsi faciamus animose; simus inter exempla.

(14) Quare defecimus? Quare desperamus? Quidquid fieri potuit potest, nos modo purgemus animum sequamurque naturam, a qua aberranti cupiendum timendumque est et fortuitis serviendum. Licet reverti in viam, licet in integrum restitui: restituamur, ut possimus dolores quocumque modo corpus invaserint perferre et fortunae dicere: 'Cum viro tibi negotium est: quaere quem vincas.'

(15) * * * His sermonibus et his similibus lenitur illa vis ulceris, quam opto mehercules mitigari et aut sanari aut stare et cum ipso senescere. Sed securus de illo sum: de nostro damno agitur, quibus senex egregius eripitur. Nam ipse vitae plenus est, cui adici nihil desiderat sua causa sed eorum quibus utilis est.

(13) Andererseits ist das, was die breite Masse als Glänzendes und Glück-
bringendes an sich zieht, oft auch von vielen verachtet worden. Fabricius
hat als Feldherr den Reichtum zurückgewiesen, als Zensor gebrandmarkt;
Tubero urteilte die Armut sowohl seiner selbst als auch des Kapitols für
würdig, als er bei einem öffentlichen Festmahl durch die Verwendung von
Tongefäßen veranschaulichte, dass der Mensch mit dem zufrieden sein
müsse, was [auch] die Götter immer noch verwendeten. Sextius, der Vater, verschmähte die Ehrenämter: er war zwar aufgrund seiner Abstam-
mung verpflichtet, eine politische Laufbahn einzuschlagen, hat jedoch das
vom göttlichen Caesar überreichte Senatorengewand nicht angenommen;
er hat nämlich verstanden, dass das, was gegeben wurde, auch genommen
werden konnte. Lasst uns ebenfalls mutig etwas tun: lasst uns inmitten der
Vorbilder leben.

(14) Warum sind wir mutlos geworden? Warum haben wir die Hoffnung
aufgegeben? Es ist alles möglich, was möglich war, wenn wir nur unseren
Geist reinigen und der Natur folgen; wer von ihr abkommt, der muss Lei-
denschaft empfinden, muss Furcht verspüren, muss den zufälligen Gütern
dienen. Es steht uns frei, auf den [richtigen] Weg zurückzukehren, es steht
uns frei, den früheren Zustand wiederherzustellen: wir sollten uns zurück-
versetzen, um Schmerzen, auf welche Weise auch immer sie den Körper
befallen, ertragen zu können und zum Schicksal zu sagen: „Du hast es mit
einem Mann zu tun: suche einen, den du bezwingen kannst."

(15) *** Durch diese und ähnliche Gespräche wird die erwähnte Wirkung
des Geschwürs gemildert, von dem ich mir, bei Herkules, wünsche, dass
es sich mildert und entweder geheilt wird oder zu stehen kommt und mit
ihm zusammen altert. Aber um ihn selbst bin ich ohne Sorge: es geht um
den Verlust für uns, denen ein außergewöhnlicher Greis entrissen wird.
Denn er selbst ist voller Leben, dem er nichts um seiner selbst willen hinzuzufügen wünscht, sondern um deren willen, denen er nützlich ist.

(16) Liberaliter facit quod vivit. Alius iam hos cruciatus finisset: hic tam turpe putat mortem fugere quam ad mortem confugere. 'Quid ergo? Non si suadebit res exibit?' Quidni exeat, si nemo iam uti eo poterit, si nihil aliud quam dolori operam dabit?

(17) Hoc est, mi Lucili, philosophiam in opere discere et ad verum exerceri, videre quid homo prudens animi habeat contra mortem, contra dolorem, cum illa accedat, hic premat; quid faciendum sit a faciente discendum est.

(18) Adhuc argumentis actum est an posset aliqui dolori resistere, an mors magnos quoque animos admota summittere. Quid opus est verbis? In rem praesentem eamus: nec mors illum contra dolorem facit fortiorem nec dolor contra mortem. Contra utrumque sibi fidit nec spe mortis patienter dolet nec taedio doloris libenter moritur: hunc fert, illam expectat. Vale.

(16) Er handelt in edler Gesinnung und genießt daher sein Leben. Ein anderer hätte diesen Qualen bereits ein Ende gesetzt: dem Tod zu entfliehen hält er für ebenso schändlich wie im Tod Zuflucht zu nehmen. „Was also? Wird er nicht dahinscheiden, wenn die Umstände es ratsam machen?" Warum sollte er nicht dahinscheiden, wenn sich niemand länger seiner bedienen könnte, wenn er sich mit nichts anderem als seinem Schmerz beschäftigen wird?

(17) Das heißt es, mein Lucilius, die Philosophie anhand ihrer Wirkung zu erlernen und mit Bezug auf tatsächliche Begebenheiten einzuüben, zu sehen, welche Geisteshaltung ein verständiger Mann gegenüber dem Tod, gegenüber dem Schmerz einnimmt, wenn jener sich nähert, dieser ihm hart zusetzt; was getan werden soll, muss von dem gelernt werden, der es tut.

(18) Bisher ist anhand von Erzählungen entschieden worden, ob irgendjemand dem Schmerz widerstehen, ob der herannahende Tot auch große Geister unterwerfen kann. [Doch] was braucht es Worte? Lass uns zum gegenwärtigen Fall übergehen: der Tod macht jenen weder unerschrockener gegenüber dem Schmerz noch [macht] der Schmerz [ihn unerschrockener] gegenüber dem Tod. Gegen beide vertraut er auf sich selbst; er erleidet in Hoffnung auf den Tod weder geduldig den Schmerz noch stirbt er gerne aus Angst vor dem Schmerz: letzteren erträgt er, ersteren erwartet er. Lebe wohl.

———

Liber XVI – Epistula IC

(1) Epistulam quam scripsi Marullo cum filium parvulum amisisset et diceretur molliter ferre misi tibi, in qua non sum solitum morem secutus nec putavi leniter illum debere tractari, cum obiurgatione esset quam solacio dignior. Adflicto enim et magnum vulnus male ferenti paulisper cedendum est; exsatiet se aut certe primum impetum effundat:

(2) hi qui sibi lugere sumpserunt protinus castigentur et discant quasdam etiam lacrimarum ineptias esse.

'Solacia expectas? Convicia accipe. Tam molliter tu fers mortem filii? Quid faceres si amicum perdidisses? Decessit filius incertae spei, parvulus; pusillum temporis perit.

(3) Causas doloris conquirimus et de fortuna etiam inique queri volumus, quasi non sit iustas querendi causas praebitura: at mehercules satis mihi iam videbaris animi habere etiam adversus solida mala, nedum ad istas umbras malorum quibus ingemescunt homines moris causa. Quod damnorum omnium maximum est, si amicum perdidisses, danda opera erat ut magis gauderes quod habueras quam maereres quod amiseras.

$$\text{———————} \quad \clubsuit \quad \text{———————}$$

Buch 16 – Brief 99

(1) Den Brief, den ich an Marullus geschrieben habe, nachdem er seinen sehr jungen Sohn verloren hatte, und dem man nachsagte, er habe es nicht männlich genug ertragen, habe ich dir zugesendet; in diesem bin ich nicht der gebräuchlichen Sitte gefolgt, und meinte auch nicht, ihn sanft behandeln zu müssen, weil eine Zurechtweisung angemessener als Trost war. Einem unglücklichen Menschen muss freilich ein Weilchen nachgegeben werden, auch wenn er sich seinen großen Kummer zu sehr anmerken lässt; er soll sich sättigen oder sich wenigstens im ersten Ansturm verbrauchen:

(2) diejenigen [dagegen], die anfangen, sich selbst zu betrauern, sollten sogleich zurechtgewiesen werden und lernen, dass gewissermaßen auch Tränen Ungehörigkeiten sind.

„Du erwartest Trost? Empfange Tadel. So unmännlich hast du den Tod deines Sohnes ertragen? Was würdest du tun, wenn du einen Freund verloren hättest? Dein Sohn ist aus dem Leben geschieden, mit ungewisser Aussicht, sehr jung; ein sehr kurzer Zeitabschnitt geht verloren.

(3) Wir gehen auf die Suche nach Anlässen zur Sorge und auch über das Schicksal wollen wir unbillig klagen, als ob es nicht triftige Gründe zum Klagen liefern würde: aber, bei Herkules, du schienst mir bereits ausreichend Selbstvertrauen gegenüber echten Übeln zu besitzen, geschweige denn gegen diese Schattenbilder von Übeln, über welche Menschen aus Gewohnheit seufzen. Wenn du einen Freund verloren hättest, was als größter aller Verluste gilt, hättest du darauf hinarbeiten müssen, dass du dich mehr darüber freust, ihn gehabt zu haben, als das du bedauerst, ihn verloren zu haben.

(4) Sed plerique non conputant quanta perceperint, quantum gavisi sint. Hoc habet inter reliqua mali dolor iste: non supervacuus tantum sed ingratus est. Ergo quod habuisti talem amicum, perit opera? Tot annis, tanta coniunctione vitae, tam familiari studiorum societate nil actum est? Cum amico effers amicitiam? Et quid doles amisisse, si habuisse non prodest? Mihi crede, magna pars ex iis quos amavimus, licet ipsos casus abstulerit, apud nos manet; nostrum est quod praeterit tempus nec quicquam est loco tutiore quam quod fuit.

(5) Ingrati adversus percepta spe futuri sumus, quasi non quod futurum est, si modo successerit nobis, cito in praeterita transiturum sit. Anguste fructus rerum determinat qui tantum praesentibus laetus est: et futura et praeterita delectant, haec expectatione, illa memoria, sed alterum pendet et non fieri potest, alterum non potest non fuisse. Quis ergo furor est certissimo excidere? Adquiescamus iis quae iam hausimus, si modo non perforato animo hauriebamus et transmittente quidquid acceperat.

(4) Aber sehr viele rechnen nicht mit ein, wie viel sie empfangen, wie viel Freude sie gehabt haben. Dein Schmerz über das Unglück hat unter anderem Folgendes an sich: er ist nicht nur nutzlos, sondern undankbar. Wenn du also einen solchen Freund gehabt hast, ist das vergebene Mühe? In so vielen Jahren, bei so großer Seelenverwandtschaft, in so vertrauter Studiengemeinschaft ist nichts bewegt worden? Hast du mit dem Freund die Freundschaft zu Grabe getragen? Und was schmerzt es dich, ihn verloren zu haben, wenn es nicht nützlich ist, ihn besessen zu haben? Glaub mir, ein bedeutender Teil von denen, die wir geliebt haben, besteht in uns fort, mag auch ein Unglücksfall sie selbst hinweggerafft haben; uns gehört die Zeit, die vergangen ist, und nichts ist an einem sichereren Ort als das, was gewesen ist.

(5) Aus Hoffnung auf Bevorstehendes sind wir undankbar gegenüber dem Empfangenen, als ob nicht das, was in der Zukunft liegt, wenn es sich uns einmal genähert hat, schnell in Vergangenes sich wandeln wird. Wer sich nur am Gegenwärtigen erfreut, setzt seinen Erträgen enge Grenzen: sowohl Künftiges als auch Vergangenes bereitet Freude, ersteres in Erwartung, letzteres in der Erinnerung; aber das eine hängt in der Schwebe und kann [auch] nicht geschehen, das andere unmöglich nicht stattgefunden haben. Welch ein Wahnsinn ist es also, den sichersten [Ertrag] aufzugeben? Lasst uns mit dem zufrieden sein, was wir bereits aufgenommen haben, sofern wir es nicht mit einem löchrigen Gedächtnis aufgenommen haben, das alles passieren ließ, was es entgegengenommen hatte.

(6) 'Innumerabilia sunt exempla eorum qui liberos iuvenes sine lacrimis extulerint, qui in senatum aut in aliquod publicum officium a rogo redierint et statim aliud egerint. Nec inmerito; nam primum supervacuum est dolere si nihil dolendo proficias; deinde iniquum est queri de eo quod uni accidit, omnibus restat; deinde desiderii stulta conquestio est, ubi minimum interest inter amissum et desiderantem. Eo itaque aequiore animo esse debemus quod quos amisimus sequimur.

(7) Respice celeritatem rapidissimi temporis, cogita brevitatem huius spatii per quod citatissimi currimus, observa hunc comitatum generis humani eodem tendentis, minimis intervallis distinctum etiam ubi maxima videntur: quem putas perisse praemissus est. Quid autem dementius quam, cum idem tibi iter emetiendum sit, flere eum qui antecessit?

(8) Flet aliquis factum quod non ignoravit futurum? Aut si mortem in homine non cogitavit, sibi inposuit. Flet aliquis factum quod aiebat non posse non fieri? Quisquis aliquem queritur mortuum esse, queritur hominem fuisse. Omnis eadem condicio devinxit: cui nasci contigit mori restat. Intervallis distinguimur, exitu aequamur.

(6) „Ungezählt sind die Beispiele derer, die ihre jungen Kinder ohne Tränen zu Grabe getragen haben, die vom Scheiterhaufen in den Senat oder
irgendeiner [anderen] öffentlichen Tätigkeit zurückgekehrt sind und sofort
auf anderes hingearbeitet haben. Und nicht zu Unrecht: denn erstens ist es
überflüssig zu trauern, wenn man durch das Trauern nichts erreichen kann,
zweitens ist es ungerecht über das zu klagen, was einem Einzelnen zuge-
stoßen ist, [aber] allen bevorsteht, und ferner ist das sehnsüchtige Wehkla-
gen töricht, wenn zwischen dem, der dahingegangen ist, und dem, der ihn
vermisst, nur eine kurze Zeitspanne liegt. Wir müssen also umso gelasse-
ner sein, da wir denen, die wir verloren haben, folgen [werden].

(7) Berücksichtige das rasche Vorbeiziehen der verzehrenden Zeit, beden-
ke die Kürze dieses Zeitraums, den wir so rasch durcheilen, beachte diese
Gesellschaft des menschlichen Stammes, die zu ein und derselben Stelle
strebt, gehörig in kleinste Abstände eingeteilt, selbst dort, wo sie [uns]
sehr groß erscheinen: derjenigen, den du für verloren gegangen hältst, ist
nur vorausgegangen. Was aber ist unsinniger, als einen zu beweinen, der
vorangegangen ist, wenn du denselben Weg zurücklegen musst?

(8) Jemand beweint ein Geschehnis, von dem er genau wusste, dass es bevorsteht? Wenn er für den Menschen den Tod nicht in Erwägung gezogen
hat, so hat er sich selbst betrogen. Er beweint ein Geschehnis, von dem er
sagte, dass es eintreten muss? Jeder, der sich beklagt, dass jemand gestorben ist, beklagt, dass er ein Mensch war. Ein und dieselbe Übereinkunft
hat jeden gebunden: wem es zugefallen ist, geboren zu werden, steht es
bevor zu sterben. Hinsichtlich des Zeitraums werden wir unterschieden,
hinsichtlich des Endes gleichgestellt.

(9) Hoc quod inter primum diem et ultimum iacet varium incertumque est: si molestias aestimes, etiam puero longum, si velocitatem, etiam seni angustum. Nihil non lubricum et fallax et omni tempestate mobilius; iactantur cuncta et in contrarium transeunt iubente fortuna, et in tanta volutatione rerum humanarum nihil cuiquam nisi mors certum est; tamen de eo queruntur omnes in quo uno nemo decipitur.

(10) "Sed puer decessit." Nondum dico melius agi cum eo qui <cito> vita defungitur: ad eum transeamus qui consenuit: quantulo vincit infantem! Propone temporis profundi vastitatem et universum conplectere, deinde hoc quod aetatem vocamus humanam compara immenso: videbis quam exiguum sit quod optamus, quod extendimus.

(11) Ex hoc quantum lacrimae, quantum sollicitudines occupant? Quantum mors antequam veniat optata, quantum valetudo, quantum timor? Quantum tenent aut rudes aut inutiles anni? Dimidium ex hoc edormitur. Adice labores, luctus, pericula, et intelleges etiam in longissima vita minimum esse quod vivitur.

(9) Vielfältig und ungewiss ist das, was zwischen dem ersten und dem letzten Tag liegt: wenn du die Beschwerlichkeiten erwägst, lang [die Zeit] auch für einen Knaben, wenn du das rasche Vergehen erwägst, knapp zugemessen auch für einen alten Mann. Alles ist flüchtig und trügerisch und unbeständiger als jedes Wetter. Auf Geheiß des Schicksals wird alles hin und her geschleudert und ins Gegenteil verkehrt, und in der großen Unbeständigkeit des menschlichen Seins ist einem nichts sicher außer dem Tod; dennoch klagen alle über das, worüber allein niemand getäuscht wird.

(10) „Aber ein Junge ist gestorben." Noch sage ich nicht, dass es demjenigen besser geht, der früh aus dem Leben scheidet: wir sollten uns [erst] dem zuwenden, der ein hohes Alter erreicht hat – wie wenig übertrifft er das Kind! Halte dir das ungeheure Ausmaß der unerschöpflichen Zeit vor Augen und erfasse die ganze Welt, dann vergleiche das, was wir ein Menschenalter nennen, mit dem Unendlichen: du wirst sehen, wie unbedeutend ist, was wir uns wünschen, was wir in die Länge ziehen [wollen].

(11) Wie viel davon nehmen die Tränen, wie viel davon die Sorgen in Anspruch? Wie viel der Tod, herbeigesehnt, bevor er kommt, wie viel die Krankheit, wie viel die Furcht? Wie viel behalten die Jahre [entweder] der Unerfahrenheit oder der Nutzlosigkeit ein? Die Hälfte davon wird schlafend verbracht. Nimm die Mühseligkeiten hinzu, die traurigen Ereignisse, die Gefahren, und du wirst einsehen, dass es auch im längsten Leben nur eine sehr kurze Zeit gibt, in der das Leben genossen wird.

(12) Sed quis tibi concedit non melius se habere eum cui cito reverti licet, cui ante lassitudinem peractum est iter? Vita nec bonum nec malum est: boni ac mali locus est. Ita nihil ille perdidit nisi aleam in damnum certiorem. Potuit evadere modestus et prudens, potuit sub cura tua in meliora formari, sed, quod iustius timetur, potuit fieri pluribus similis.

(13) Aspice illos iuvenes quos ex nobilissimis domibus in harenam luxuria proiecit; aspice illos qui suam alienamque libidinem exercent mutuo inpudici, quorum nullus sine ebrietate, nullus sine aliquo insigni flagitio dies exit: plus timeri quam sperari potuisse manifestum erit. Non debes itaque causas doloris accersere nec levia incommoda indignando cumulare.

(14) Non hortor ut nitaris et surgas; non tam male de te iudico ut tibi adversus hoc totam putem virtutem advocandam. Non est dolor iste sed morsus: tu illum dolorem facis. Sine dubio multum philosophia profecit, si puerum nutrici adhuc quam patri notiorem animo forti desideras.

(12) Wer aber wird dir nicht zugestehen, das derjenige es besser hat, dem es erlaubt ist, rasch zurückzukehren, der seinen Marsch vor der [völligen] Erschöpfung beendet hat. Das Leben ist weder ein Gut noch ein Übel: es ist der Schauplatz des Gutes und des Übels. Deshalb hat jener [Junge] nichts verloren außer ein Glücksspiel, bei dem der Verlust sicher ist. Er hätte bescheiden und klug werden können, hätte unter deiner Aufsicht zum Besserem angeleitet werden können, aber, was mit Recht gefürchtet wird, er hätte [auch] den Vielen ähnlich werden können.

(13) Schau dir jene jungen Leute an, welche ihre Zügellosigkeit aus den vornehmen Häusern heraus in die Arena treten ließ; schau dir diejenigen an, die eigenes und fremdes Verlangen in wechselseitiger Unzucht in Gange halten, bei denen kein Tag ohne Trunkenheit, kein Tag ohne irgendeine unerhörte Schandtat vergeht: es wird offenbar, dass [für den Jungen] mehr hätte gefürchtet als gehofft werden können. Du darfst also die Ursachen des Leids nicht herbeirufen und leichtes Ungemach durch deinen Unwillen vergrößern.

(14) Ich ermuntere dich nicht, damit du dich aufrichtest und erhebst; ich urteile nicht so schlecht über dich, dass ich glaube, deine ganze Stärke müsse gegen das Geschehene aufgeboten werden. Dies ist kein Schmerz, sondern ein Stich: du [selbst] bewirkst jenen Schmerz. Ohne Zweifel hat die Philosophie viel erreicht, wenn du einen Sohn, der Amme bis dahin näher als dem Vater, mit tapferem Herzen verlierst.

(15) Quid? Nunc ego duritiam suadeo et in funere ipso rigere vultum volo et animum ne contrahi quidem patior? Minime. Inhumanitas est ista, non virtus, funera suorum isdem oculis quibus ipsos videre nec commoveri ad primam familiarium divulsionem. Puta autem me vetare: quaedam sunt sui iuris; excidunt etiam retinentibus lacrimae et animum profusae levant.

(16) Quid ergo est? Permittamus illis cadere, non imperemus; fluat quantum adfectus eiecerit, non quantum poscet imitatio. Nihil vero maerori adiciamus nec illum ad alienum augeamus exemplum. Plus ostentatio doloris exigit quam dolor: quotus quisque sibi tristis est? Clarius cum audiuntur gemunt, et taciti quietique dum secretum est, cum aliquos videre, in fletus novos excitantur; tunc capiti suo manus ingerunt (quod potuerant facere nullo prohibente liberius), tunc mortem comprecantur sibi, tunc lectulo devolvuntur: sine spectatore cessat dolor.

(17) Sequitur nos, ut in aliis rebus, ita in hac quoque hoc vitium, ad plurium exempla componi nec quid oporteat sed quid soleat aspicere. A natura discedimus, populo nos damus nullius rei bono auctori et in hac re sicut in his omnibus inconstantissimo. Videt aliquem fortem in luctu suo, impium vocat et efferatum; videt aliquem conlabentem et corpori adfusum, effeminatum ait et enervem.

(15) Was jetzt? Rate ich nun zur Gefühllosigkeit, [und] verlange ich, selbst bei einem Todesfall keine Miene zu verziehen, und gestatte nicht einmal, dass sich das Herz zusammenkrampft? Keineswegs. Die Leichen der Seinen mit denselben Augen anzusehen wie diese leibhaftig und auf die erste Trennung von den Angehörigen hin nicht erschüttert zu sein, das ist Unmenschlichkeit, nicht Tugendhaftigkeit. Nimm im Gegenteil an, dass ich davon abrate: manche Dinge unterstehen einer [ganz] eigenen Macht; Tränen entrinnen unbeabsichtigt auch denen, die sie zurückhalten [wollen], und ihr Vergießen erleichtert das Herz.

(16) Was folgt also daraus? Wir sollten ihnen gestatten zu fließen, es ihnen nicht befehligen; es mag so viel dahinströmen, wie der Affekt es hinaustreibt, nicht wie die Nachahmung es verlangt. Wir sollten einer echten Trauer nichts hinzufügen und sie nicht nach unangemessenem Vorbild steigern. Das Zurschautragen eines Schmerzes bietet mehr auf als der Schmerz [selbst]: wie wenige sind für sich selbst traurig? Sie klagen recht laut, wenn sie gehört werden, und still und ruhig, solange sie sich in Abgeschiedenheit befinden, wo sie sich, wenn sie andere erblicken, zu neuen Tränenströmen hinreißen lassen; dann werfen sie die Hände an ihren Kopf (was sie allzu leicht tun konnten, da keiner sie [davon] abhielt), dann erflehen sie den Tod für sich, dann wälzen sie sich auf dem Leichenbett: ohne Zuschauer bleibt der Schmerz aus.

(17) Wie in anderen Situationen, so schließt sich uns auch in diesem Fall die schlechte Eigenschaft an, dass wir uns nach dem Vorbild der Vielen richten und nicht das betrachten, was sich gebührt, sondern das, was wir gewohnt sind. Wir entfernen uns von der Natur, wir setzen uns der Menge aus, die in keiner Angelegenheit ein guter und in dieser Sache wie in allen Dingen ein äußerst wankelmütiger Ratgeber ist. Sie sieht jemanden stark in seiner Trauer – sie nennt ihn lieblos und verroht; sie sieht jemanden, der zusammenbricht und sich auf den Leichnam wirft – sie behauptet, er ist verweichlicht und unmännlich.

(18) Omnia itaque ad rationem revocanda sunt. Stultius vero nihil est quam famam captare tristitiae et lacrimas adprobare, quas iudico sapienti viro alias permissas cadere, alias vi sua latas. Dicam quid intersit. Cum primus nos nuntius acerbi funeris perculit, cum tenemus corpus e complexu nostro in ignem transiturum, lacrimas naturalis necessitas exprimit et spiritus ictu doloris inpulsus quemadmodum totum corpus quatit, ita oculos, quibus adiacentem umorem perpremit et expellit.

(19) Hae lacrimae per elisionem cadunt nolentibus nobis: aliae sunt quibus exitum damus cum memoria eorum quos amisimus retractatur, et inest quiddam dulce tristitiae cum occurrunt sermones eorum iucundi, conversatio hilaris, officiosa pietas; tunc oculi velut in gaudio relaxantur. His indulgemus, illis vincimur.

(20) Non est itaque quod lacrimas propter circumstantem adsidentemque aut contineas aut exprimas: nec cessant nec fluunt umquam tam turpiter quam finguntur: eant sua sponte. Ire autem possunt placidis atque compositis; saepe salva sapientis auctoritate fluxerunt tanto temperamento ut illis nec humanitas nec dignitas deesset.

(18) Alles ist daher auf die Vernunft zurückzuführen. Es ist wahrhaftig nichts törichter, als den Ruf der Traurigkeit aufzunehmen und die Tränen gutzuheißen, die, meine ich, [auch] bei einem weisen Mann fließen – bald gestattet, bald aus eigener Kraft hervorgebracht. Ich werde [dir] sagen, worin der Unterschied besteht. Wenn uns die erste Nachricht über einen schmerzlichen Todesfall erschüttert, wenn wir den Leichnam im Arme halten, der aus unserer Umarmung ins Feuer übergehen wird, nötigt uns ein naturgegebener Zwang die Tränen ab und, von einem schmerzlichen Schicksalsschlag zu Fall gebracht, quält der Geist, gleichwie den ganzen Körper, so [auch] die Augen, aus denen er die darin liegende Flüssigkeit in einem fort herausdrückt und hinaustreibt.

(19) Durch das Herauspressen fließen diese Tränen gegen unseren Willen: andere sind es, denen wir Ausfluss gewähren, wenn das Andenken von denen, die wir verloren haben, wieder berührt wird, und es liegt manch süße Traurigkeit darin, wenn uns die angenehmen Gespräche mit ihnen, der vergnügliche Umgang, ihre gefällige Dankbarkeit in den Sinn kommen; dann erweitern sich die Augen ganz wie bei ausgelassener Freude. Letzteren geben wir nach, von ersteren werden wir überwältigt.

(20) Deshalb gibt es keinen Grund wegen derjenigen, die um dich herumstehen und -sitzen, die Tränen zurückzuhalten oder sie herauszupressen: weder bleiben sie aus noch strömen sie jemals so peinlich, wie sie geheuchelt werden: sie sollten von sich aus fließen. Bei denen, die ruhig und gelassen sind, können sie hingegen fließen; oft sind sie, ohne eine Verletzung des Ansehens des Weisen, mit so großer Mäßigung entströmt, dass es ihnen weder an Menschlichkeit noch an Würde mangelte.

(21) Licet, inquam, naturae obsequi gravitate servata. Vidi ego in funere suorum verendos, in quorum ore amor eminebat remota omni lugentium scaena; nihil erat nisi quod veris dabatur adfectibus. Est aliquis et dolendi decor; hic sapienti servandus est et quemadmodum in ceteris rebus, ita etiam in lacrimis aliquid sat est: inprudentium ut gaudia sic dolores exundavere.

(22) Aequo animo excipe necessaria. Quid incredibile, quid novum evenit? Quam multis cum maxime funus locatur, quam multis vitalia emuntur, quam multi post luctum tuum lugent! Quotiens cogitaveris puerum fuisse, cogita et hominem, cui nihil certi promittitur, quem fortuna non utique perducit ad senectutem: unde visum est dimittit.

(23) Ceterum frequenter de illo loquere et memoriam eius quantum potes celebra; quae ad te saepius revertetur si erit sine acerbitate ventura; nemo enim libenter tristi conversatur, nedum tristitiae. Si quos sermones eius, si quos quamvis parvoli iocos cum voluptate audieras, saepius repete; potuisse illum implere spes tuas, quas paterna mente conceperas, audacter adfirma.

(21) Es ist möglich, sage ich, der Natur unter Bewahrung der Würde zu gehorchen. Auf der Beerdigung ihrer Angehörigen habe ich verehrungswürdige Menschen gesehen, aus deren Anlitz in der Nähe der Trauernden eine Liebe frei von jeder Maskerade hervorstrahlte; da war nichts, außer dem, was an echten Gefühlen preisgegeben wurde. Es gibt auch eine Angemessenheit des Trauerns; diese muss der Weise wahren und so wie in den übrigen Dingen, so gibt es selbst bei den Tränen ein Genug: die der Unwissenden haben sowohl Freuden als auch Schmerzen ausströmen lassen.

(22) Unvermeidliches nimm mit Gleichmut auf. Was ist Unglaubliches, was ist Neues geschehen? Für wie viele wird eben jetzt der Leichenzug aufgestellt, für wie viele das Leichentuch gekauft, wie viele trauern nach deiner Trauer? Sooft du darüber nachdenkst, dass er [noch] ein Junge war, erwäge, dass er auch ein Mensch war, dem nichts Sicheres versprochen ist, den das Schicksal nicht unbedingt ins Greisenalter führt: es schickt fort, von wo es ihm beliebt.

(23) Du aber sprich häufig über ihn und belebe, wann immer du kannst, die Erinnerung an ihn; sie wird öfter zu dir zurückkehren, wenn sie sich ohne Bitterkeit nähert; denn niemand hat gerne Umgang mit einem Traurigen, geschweige denn mit der Traurigkeit. Wenn du irgendwelche Äußerungen, wenn du irgendwelche Scherze von ihm, wenn auch die eines Kleinkinds, mit Vergnügen gehört hast, erinnere dich öfter daran; beteure kühn, dass er deine Erwartungen, die du mit väterlichem Herzen ersonnen hattest, hätte erfüllen können.

(24) Oblivisci quidem suorum ac memoriam cum corporibus efferre et effusissime flere, meminisse parcissime, inhumani animi est. Sic aves, sic ferae suos diligunt, quarum [contactus ac] concitatus est amor et paene rabidus, sed cum amissis totus extinguitur. Hoc prudentem virum non decet: meminisse perseveret, lugere desinat.

(25) Illud nullo modo probo quod ait Metrodorus, esse aliquam cognatam tristitiae voluptatem, hanc esse captandam in eiusmodi tempore. Ipsa Metrodori verba subscripsi. ‚Μητροδώρου ἐπιστολῶν πρὸς τὴν ἀδελφήν. Ἔστιν γάρ τις ἡδονὴ λύπη συγγενής, ἣν χρὴ θηρεύειν κατὰ τοῦτον τὸν καιρόν.‘

(26) De quibus non dubito quid sis sensurus; quid enim est turpius quam captare in ipso luctu voluptatem, immo per luctum, et inter lacrimas quoque quod iuvet quaerere? Hi sunt qui nobis obiciunt nimium rigorem et infamant praecepta nostra duritiae, quod dicamus dolorem aut admittendum in animum non esse aut cito expellendum. Utrum tandem est aut incredibilius aut inhumanius, non sentire amisso amico dolorem an voluptatem in ipso dolore aucupari?

(24) Die Seinigen aber zu vergessen und die Erinnerung mit den Leichen zu Grabe zu tragen und sie dabei völlig maßlos zu beweinen, sie seltenst zu gedenken, ist eine unmenschliche Geisteshaltung. So lieben Vögel ihresgleichen, so Tiere, deren Liebe kurz und heftig, [und] geradezu rasend ist, aber bei einem tödlichen Verlust völlig erlischt. Für einen einsichtsvollen Menschen ist das unangemessen: er sollte nicht aufhören zu gedenken, sollte nicht davon ablassen zu trauern.

(25) Keinesfalls lasse ich jenes gelten, was Metrodoros sagte: dass es irgendein der Traurigkeit verwandtes Vergnügen gibt, [und] dass man in einer solchen Zeit danach streben muss. Ich habe die genauen Worte von Metrodoros angefügt: ‚Μητροδώρου ἐπιστολῶν πρὸς τὴν ἀδελφήν. Ἔστιν γάρ τις ἡδονὴ λύπῃ συγγενής, ἣν χρὴ θηρεύειν κατὰ τοῦτον τὸν καιρόν.‘

(26) Ich bin mir sicher, welches Urteil du darüber abgeben wirst; denn was ist schändlicher, als gerade in der Trauer, ja sogar unter dem Vorwand von Trauer, nach Vergnügung zu trachten, und auch unter Tränen darauf zu sinnen, was Befriedigung gewährt? Das sind diejenigen, die uns eine allzu große Strenge zum Vorwurf machen und unsere Lehren der Gefühllosigkeit verdächtigen, weil wir sagen, dass man den Schmerz entweder nicht in sein Gemüt eindringen lassen darf oder ihn rasch austreiben muss. Welches von beiden ist denn unglaublicher oder unmenschlicher: keinen Schmerz beim Verlust des Freundes zu empfinden oder selbst in der Trauer dem Vergnügen nachzujagen?

(27) Nos quod praecipimus honestum est: cum aliquid lacrimarum adfectus effuderit et, ut ita dicam, despumaverit, non esse tradendum animum dolori. Quid, tu dicis miscendam ipsi dolori voluptatem? Sic consolamur crustulo pueros, sic infantium fletum infuso lacte conpescimus. Ne illo quidem tempore quo filius ardet aut amicus expirat cessare pateris voluptatem, sed ipsum vis titillare maerorem? Utrum honestius dolor ab animo summovetur an voluptas ad dolorem quoque admittitur? ,Admittitur', dico? Captatur, et quidem ex ipso.

(28) ,Est aliqua', inquit, ,voluptas cognata tristitiae.' Istuc nobis licet dicere, vobis quidem non licet. Unum bonum nostis, voluptatem, unum malum, dolorem: quae potest inter bonum et malum esse cognatio? Sed puta esse: nunc potissimum eruitur? Et ipsum dolorem scrutamur, an aliquid habeat iucundum circa se et voluptarium?

(29) Quaedam remedia aliis partibus corporis salutaria velut foeda et indecora adhiberi aliis nequeunt, et quod aliubi prodesset sine damno verecundiae, id fit inhonestum loco vulneris: non te pudet luctum voluptate sanare? Severius ista plaga curanda est. Illud potius admone, nullum mali sensum ad eum qui perit pervenire; nam si pervenit, non perit.

(27) Das, was wir lehren, ist moralisch richtig: nachdem eine Gemütsauf-
wallung so manche Träne vergossen hat und, wie ich es ausdrücken würde, abgeschäumt wurde, darf man den Geist nicht der Trauer überlassen.
Wie bitte? Du behauptest, dass gerade dem Schmerz eine Freude beige-
mengt werden muss? So beschwichtigen wir Kinder mit Zuckerplätzchen,
so bezähmen wir die Tränen der noch Kleinen, indem wir sie mit Milch
stillen. Nicht einmal zu jener Zeit, in der dein Sohn [von den Flammen]
verzehrt wird oder dein Freund den Tod findet, lässt du das Vergnügen ru-
hen, sondern willst den Schmerz selbst dazu reizen? Was ist sittlicher,
dass der Schmerz aus der Seele vertrieben oder das Vergnügen auch im
Schmerz zugelassen wird? ‚Zugelassen‘, sage ich? Es wird ihm nachge-
jagt, und zwar infolge des Schmerzes.

(28) ‚Es gibt ein Vergnügen ähnlich der Traurigkeit‘, behauptet er weiter.
Das dürfen wir sagen, ihr dürft es aber nicht. Ihr habt als einziges Gut das
Vergnügen, als einziges Übel den Schmerz anerkannt: wie kann zwischen
einem Gut und einem Übel eine Ähnlichkeit bestehen? Aber nimm an,
dass es sie gibt: wird sie gerade jetzt an den Tag gebracht? Und erforschen
wir den Schmerz selbst, ob er etwas Erfreuliches und Vergnügliches an
sich hat?

(29) Manche Arzneimittel, heilsam für die einen Körperteile gleichwie
schimpflich und unschicklich für die anderen, können nicht herangezogen
werden, und was anderswo ohne ein Verlust des Schamgefühls genützt
hat, das wird unanständig wegen der Stelle einer Verletzung: beschämt es
dich nicht, Trauer durch sinnliche Freuden zu heilen? Diese Wunde muss
sittenstrenger behandelt werden. Erinnere dich vielmehr an Folgendes:
dass zu dem, der gestorben ist, keine Empfindung eines Leids gelangt;
denn wenn sie ihn erreicht hat, ist er [zuvor] nicht gestorben.

(30) Nulla, inquam, res eum laedit qui nullus est: vivit si laeditur. Utrum putas illi male esse quod nullus est an quod est adhuc aliquis? Atqui nec ex eo potest ei tormentum esse quod non est (quis enim nullius sensus est?) nec ex eo quod est; effugit enim maximum mortis incommodum, non esse.

(31) Illud quoque dicamus ei qui deflet ac desiderat in aetate prima raptum: omnes, quantum ad brevitatem aevi, si universo compares, et iuvenes et senes, in aequo sumus. Minus enim ad nos ex aetate omni venit quam quod minimum esse quis dixerit, quoniam quidem minimum aliqua pars est: hoc quod vivimus proximum nihilo est; et tamen, o dementiam nostram, late disponitur.

(32) Haec tibi scripsi, non tamquam expectaturus esses remedium a me tam serum (liquet enim mihi te locutum tecum quidquid lecturus es) sed ut castigarem exiguam illam moram qua a te recessisti, et in reliquum adhortarer contra fortunam tolleres animos et omnia eius tela non tamquam possent venire sed tamquam utique essent ventura prospiceres. Vale.'

(30) Nichts verletzt denjenigen, sage ich, der nicht existiert: falls er verletzt wird, lebt er [auch]. Meinst du etwa, er sei unglücklich, weil er nicht existiert oder weil er noch existiert? Nun kann ihm aber weder daraus eine Qual erwachsen, dass er nicht existiert (welche Empfindung besitzt denn einer, der nicht existiert?), noch daraus, dass er existiert. Dem größten Nachteil des Todes ist er nämlich entgangen – nicht zu existieren.

(31) Auch Folgendes wollen wir dem sagen, der einen beweint und zurücksehnt, der in frühester Jugend dahingerafft wurde: wir alle, und zwar Jünglinge und Greise, befinden uns, wenn man es mit dem Universum vergleicht, hinsichtlich der Kürze des Lebens auf der gleichen Stufe. Denn weniger von der ganzen Zeit gelangt zu uns, als das, was irgendeiner als das Geringste [zu sein] bezeichnet hätte, weil ja das Geringste wenigstens irgendein Teil ist: das, was wir an Leben besitzen, ist dem Nichts sehr nahe; und trotzdem, ach unsere Unvernunft, wird es weithin verplant.

(32) Ich habe dir dies geschrieben, nicht als ob du von mir ein so spätes Heilmittel gewünscht hättest (denn es ist mir klar, dass du alles, was du lesen wirst, dir [bereits] selbst gesagt hast), sondern um jenen kurzen Zeitraum zu beschränken, in dem du dich aufgegeben hast, und dich für die Zukunft zu ermuntern, Mut gegen das Schicksal zu fassen und all seine herannahenden Pfeile vorherzusehen, nicht als ob sie kommen könnten, sondern als ob sie es in jedem Fall tun werden. Lebe wohl.“

Liber XVI – Epistula C

Seneca Lucilio suo Salutem,

(1) Fabiani Papiri libros qui inscribuntur civilium legisse te cupidissime scribis, et non respondisse expectationi tuae; deinde oblitus de philosopho agi compositionem eius accusas. Puta esse quod dicis et effundi verba, non figi. Primum habet ista res suam gratiam et est decor proprius orationis leniter lapsae; multum enim interesse existimo utrum exciderit an fluxerit. <Adice> nunc quod in hoc quoque quod dicturus sum ingens differentia est:

(2) Fabianus mihi non effundere videtur orationem sed fundere; adeo larga est et sine perturbatione, non sine cursu tamen veniens. Illud plane fatetur et praefert, non esse tractatam nec diu tortam. Sed ita, ut vis, esse credamus: mores ille, non verba composuit et animis scripsit ista, non auribus.

(3) Praeterea ipso dicente non vacasset tibi partes intueri, adeo te summa rapuisset; et fere quae impetu placent minus praestant ad manum relata; sed illud quoque multum est, primo aspectu oculos occupasse, etiam si contemplatio diligens inventura est quod arguat.

Buch 16 – Brief 100

Seneca grüßt seinen Lucilius,

(1) Du schreibst, dass du die Bücher von Fabianus Papirius, die den Titel ‚Über die Staatsgeschäfte' tragen, sehr begierig gelesen hast, sie aber deiner Erwartung nicht entsprochen haben; daraufhin tadelst du seine Darstellungsweise, vergessend, dass sie von einem Philosophen vorgetragen wird. Stell dir vor, es ist [so], wie du sagst, und seine Worte würden dahinströmen, [und] nicht haftenbleiben. Zunächst einmal hat dieser Stil einen gewissen Liebreiz und eine sanft dahinfließende Rede besitzt eine eigentümliche Schönheit; denn es besteht ein großer Unterschied, meine ich, ob sie herausstürzt oder dahinfließt. Nimm jetzt hinzu, dass auch in dem, was ich vorbringen werde, ein gewaltiger Unterschied liegt:

(2) mir scheint, Fabianus vergießt seine Rede nicht, sondern lässt sie fließen; so reichlich ist sie und ohne Affekt, bei alledem nicht ohne raschen Fluss einherkommend. Dies verrät und offenbart deutlich, dass sie weder überarbeitet noch lange geprüft wurde. Aber lass uns glauben, dass es so ist, wie du behauptest: Charaktere, nicht Worte hat er geformt, und er hat dies für den Geist geschrieben, nicht für die Ohren.

(3) Außerdem wäre dir bereits aufgrund vom dem, was er sagte, keine Zeit geblieben, [einzelne] Teile zu berücksichtigen, so sehr hätten dich die wesentlichen Gedanken mitgerissen; und gewöhnlich zeichnet sich das, was durch seinen Schwung gefällt, weniger aus, wenn es schriftlich überliefert wurde; aber auch dieses ist bedeutend: beim ersten Hinschauen die Augen zu fesseln, auch wenn eine sorgfältige Betrachtung [etwas] finden wird, was es tadeln kann.

(4) Si me interrogas, maior ille est qui iudicium abstulit quam qui meruit; et scio hunc tutiorem esse, scio audacius sibi de futuro promittere. Oratio sollicita philosophum non decet: ubi tandem erit fortis et constans, ubi periculum sui faciet qui timet verbis?

(5) Fabianus non erat neglegens in oratione sed securus. Itaque nihil invenies sordidum: electa verba sunt, non captata, nec huius saeculi more contra naturam suam posita et inversa, splendida tamen quamvis sumantur e medio. Sensus honestos et magnificos habes, non coactos in sententiam sed latius dictos. Videbimus quid parum recisum sit, quid parum structum, quid non huius recentis politurae: cum circumspexeris omnia, nullas videbis angustias inanis.

(6) Desit sane varietas marmorum et concisura aquarum cubiculis interfluentium et pauperis cella et quidquid aliud luxuria non contenta decore simplici miscet: quod dici solet, domus recta est.

Adice nunc quod de compositione non constat: quidam illam volunt esse ex horrido comptam, quidam usque eo aspera gaudent ut etiam quae mollius casus explicuit ex industria dissipent et clausulas abrumpant ne ad expectatum respondeant.

(4) Wenn Du mich fragst, ist derjenige bedeutender, der ein günstiges Urteil herbeigeführt hat, als derjenige, der sich [nur] einen Anspruch darauf erworben hat; und ich weiß, dass letzterer vorsichtiger ist, ich weiß, dass er sich hinsichtlich der Zukunft allzu kühn hoffen lässt. Ein besorgter Vortrag ziemt sich nicht für einen Philosophen: wo um Himmels willen wird einer tapfer und standhaft sein, wo wird einer sich selbst erproben, der sich um seine Wortwahl sorgt?

(5) Fabianus war nicht nachlässig in der Rede, sondern sicher. Du wirst daher nichts Schimpfliches finden: seine Worte sind gewählt, nicht spitzfindig gedeutet, und nicht nach Sitte unserer Zeit entgegen ihrer Natur verwendet und mit einem anderen Sinn unterlegt, bei alledem lebendig, obgleich sie aus der Umgangssprache entnommen sind. Edle und bedeutende Gedanken nimmst du entgegen, nicht zu einem Sinnspruch zusammengefasst, sondern ausführlich erklärt. Wir werden sehen, was vielleicht zu kurz gefasst, was zu wenig geordnet ist, was nicht diese moderne Glätte besitzt: [selbst] wenn du alles genau betrachtest, wirst du keine leeren Spitzfindigkeiten bemerken.

(6) Es mag die Vielfalt des Marmors fehlen, [und] die durch die Zimmer verlaufenden Wasserzuleitungen, [und] das Armenstübchen und alles andere, was eine Verschwendungssucht zusammenmengt, die sich mit einfachem Zierrat nicht zufrieden gibt: [dennoch] ist das Haus, wie ich zu sagen pflege, ohne Makel.

Nimm nun hinzu, das hinsichtlich der Darstellungsweise keine Allgemeingültigkeit besteht: manche wollen [ihre Rede] aus dem Rohen heraus stilistisch ausfeilen, manche haben so sehr Freude an einem rauen [Stil], dass sie auch das, was der Zufall fließender entfalten ließ, mit Absicht auseinanderreißen und Schlussverse [unvermutet] abbrechen, um nicht dem zu entsprechen, was erwartet wurde.

(7) Lege Ciceronem: compositio eius una est, pedem curvat lenta et sine infamia mollis. At contra Pollionis Asinii salebrosa et exiliens et ubi minime expectes relictura. Denique omnia apud Ciceronem desinunt, apud Pollionem cadunt, exceptis paucissimis quae ad certum modum et ad unum exemplar adstricta sunt.

(8) Humilia praeterea tibi videri dicis omnia et parum erecta: quo vitio carere eum iudico. Non sunt enim illa humilia sed placida et ad animi tenorem quietum compositumque formata, nec depressa sed plana. Deest illis oratorius vigor stimulique quos quaeris et subiti ictus sententiarum; sed totum corpus, videris quam sit comptum, honestum est. Non habet oratio eius sed dabit dignitatem.

(9) Adfer quem Fabiano possis praeponere. Dic Ciceronem, cuius libri ad philosophiam pertinentes paene totidem sunt quot Fabiani: cedam, sed non statim pusillum est si quid maximo minus est. Dic Asinium Pollionem: cedam, et respondeamus: in re tanta eminere est post duos esse. Nomina adhuc T. Livium; scripsit enim et dialogos, quos non magis philosophiae adnumerare possis quam historiae, et ex professo philosophiam continentis libros: huic quoque dabo locum. Vide tamen quam multos antecedat qui a tribus vincitur et tribus eloquentissimis.

(7) Lies Cicero: seine Darstellungsweise bildet eine Einheit, sie rundet das Versmaß, ist geschmeidig und ohne Schmähliches weich. Diejenige von Asinius Pollio ist dagegen holprig und hervorspringend und sie wird einen im Stich lassen, wo man es am wenigsten erwartet. Kurzum, bei Cicero läuft alles ruhig aus, bei Pollio fällt alles in sich zusammen, ausgenommen der sehr wenigen Stellen, die nach einem bestimmten Takt und einem einzigen Muster rhythmisch gebunden sind.

(8) Du sagst, dass dir [bei Fabianus] außerdem alles ohne Schwung und wenig erhaben erscheint: diesen Fehler, meine ich, vermeidet er. [Sein Vortrag] ist nämlich nicht schwunglos, sondern ruhig und an seine bedächtige und gelassene Geisteshaltung angepasst, und er gleicht nicht einem Tale, sondern einer Ebene. Ihm fehlt es an rhetorischer Lebendigkeit und an den rhetorischen Reizen, nach denen es dich verlangt, und zudem an plötzlichen Denkanstößen; aber das Gesamtwerk – du wirst erkannt haben, wie gefällig es ist – zeigt sich wohlgestaltet. Seine Rede besitzt keinen Wert, sondern sie bringt ihn hervor.

(9) Führe einen an, den du Fabianus vorziehen würdest. Nenne einen Cicero, von dem es fast ebenso viele Bücher gibt, welche die Philosophie betreffen, wie von Fabianus: da werde ich mich beugen, aber wenn etwas weniger ist als das Größte, ist es nicht sogleich winzig. Nenne einen Asinius Pollio: da werde ich mich beugen; und trotzdem würden wir erwidern: in einer so großen Sache bedeutet hervorzuragen, [gleich] nach diesen beiden zu kommen. Führe noch Titus Livius an: er hat nämlich auch Dialoge geschrieben, die man ebensogut der Philosophie wie der Geschichtsschreibung zurechnen könnte, und Bücher, die ausdrücklich einen philosophischen Gegenstand umfassen: auch diesem will ich seinen Platz zugestehen. Gleichwohl erkenne, wie vielen derjenige vorausgeht, der [nur] von dreien übertroffen wird, und zwar von den drei vollkommensten Rednern.

(10) Sed non praestat omnia: non est fortis oratio eius, quamvis elata sit; non est violenta nec torrens, quamvis effusa sit; non est perspicua sed pura. 'Desideres', inquis, 'contra vitia aliquid aspere dici, contra pericula animose, contra fortunam superbe, contra ambitionem contumeliose. Volo luxuriam obiurgari, libidinem traduci, inpotentiam frangi. Sit aliquid oratorie acre, tragice grande, comice exile.' Vis illum adsidere pusillae rei, verbis: ille rerum se magnitudini addixit, eloquentiam velut umbram non hoc agens trahit.

(11) Non erunt sine dubio singula circumspecta nec in se collecta nec omne verbum excitabit ac punget, fateor; exibunt multa nec ferient et interdum otiosa praeterlabetur oratio, sed multum erit in omnibus lucis, sed ingens sine taedio spatium. Denique illud praestabit, ut liqueat tibi illum sensisse quae scripsit. Intelleges hoc actum ut tu scires quid illi placeret, non ut ille placeret tibi. Ad profectum omnia tendunt, ad bonam mentem: non quaeritur plausus.

(10) Aber er steht nicht für alles ein: seine Rede ist nicht kraftvoll, mag sie auch noch so erhaben sein; sie ist nicht ungestüm und nicht wild fließend, obgleich sie dahinströmt; sie ist nicht augenscheinlich, aber ohne Fehler. „Man würde sich wünschen“, sagst du, „dass streng gegen Verfehlungen, beherzt gegen Gefahren, hoch aufgerichtet gegen das Schicksal, herabwürdigend gegen die Ehrsucht so manches gesprochen wird. Ich lege Wert darauf, dass die Verschwendungssucht getadelt, die Wollust lächerlich gemacht, [und] die Zügellosigkeit gebändigt wird. Es sollte sich etwas an rhetorischer Schärfe, an tragischer Größe, an komischer Schwäche finden.“ Du willst, dass er sich für Unbedeutendes hinsetzt, für Worte: er hat sich den großen Dingen gewidmet, die Redekunst zieht er wie einen Schatten hinter sich her, obwohl er das nicht beabsichtigt.

(11) Ohne Zweifel sind einzelne Dinge nicht bedacht und miteinander verbunden worden und nicht jedes Wort, das gebe ich zu, wird begeistern und berühren; vieles wird zum Vorschein kommen, aber keinen Eindruck hinterlassen und zuweilen wird der Vortrag geruhsam vorbeifließen, aber oft wird sich in der Gesamtheit ein Licht finden und über einen sehr großen Zeitraum wird kein Überdruss herrschen. Kurz, er wird den Vorzug haben, dass dir klar ist, dass er meinte, was er schrieb. Du wirst einsehen, dass dies getan wurde, damit du weißt, was ihm gefällt, nicht damit er dir gefällt. Alles strebt zum Fortschritt hin, zu einem gesunden Geist – Beifall wird nicht erwartet.

(12) Talia esse scripta eius non dubito, etiam si magis reminiscor quam teneo haeretque mihi color eorum non ex recenti conversatione familiariter sed summatim, ut solet ex vetere notitia; cum audirem certe illum, talia mihi videbantur, non solida sed plena, quae adulescentem indolis bonae attollerent et ad imitationem sui evocarent sine desperatione vincendi, quae mihi adhortatio videtur efficacissima. Deterret enim qui imitandi cupiditatem fecit, spem abstulit. Ceterum verbis abundabat, sine commendatione partium singularum in universum magnificus. Vale.

(12) Ich bezweifle nicht, dass seine Schriften von solcher Art sind, auch wenn ich mich eher an sie erinnere, als dass sie mir gegenwärtig sind, und mir ihre Beschaffenheit nicht aus aktuellem Umgang, sondern [nur] der Hauptsache nach vertraut ist – wie gewöhnlich bei angegrautem Wissen; doch wenigstens als ich sie hörte, erschienen sie mir so: nicht vollkommen, aber reich an dem, was einen jungen Mann mit angeborenem Talent emporwachsen lässt und zu seiner Nachahmung reizt, ohne ihm die Hoffnung darauf zu nehmen, ihn übertreffen zu können, was mir als eine äußerst nachhaltig wirkende Aufmunterung erscheint. Derjenige nämlich schreckt ab, der die Lust auf Nachahmung erweckt, die Hoffnung darauf geraubt hat. Im Übrigen besaß er einen überreichen Wortschatz, [und] ohne zu Empfehlendes in den einzelnen Teilbereichen war er in der Gesamtheit großartig. Lebe wohl.